드림 웨이브

하나님 나라의 통치 2

사무엘하 / 열왕기상·하

미취학

꿈이 있는 미래

드림 웨이브 미취학
하나님 나라의 통치 2

초판 1쇄 인쇄 2023년 5월 10일
초판 1쇄 발행 2023년 5월 24일

글쓴이 박유정 최지민 최서연
그린이 박미량, 김영화

발행인 김은호
발행처 도서출판 꿈미
등록 제2014-000035호
주소 서울시 강동구 양재대로81길 39, 202호
전화 070-4352-4143, 02-6413-4896
팩스 02-470-1397
홈페이지 www.coommi.org
쇼핑몰 www.coommimall.com

ISBN 979-11-90862-86-8 (74230)
979-11-89047-15-3 (세트)

머리말

기독교 교육에서 중요한 것은 하나님에 대한 지식을 넘어 하나님과의 경험을 풍성하게 하는 것입니다. 이런 교육 철학으로 다음세대가 하나님과의 스토리를 만들어 가도록 미취학 아동을 위한 공과 교재를 발간했습니다.

하나님의 말씀에는 세상이 감당할 수 없는 하나님의 사람으로 자라나게 하는 힘이 있습니다. 이 교재는 다음세대가 하나님의 말씀을 통해 자신을 들여다보고 말씀을 통해 자신의 삶을 변화시키게 합니다. 다음세대가 하나님의 이야기를 배우고 그 이야기가 나의 이야기로 어떻게 연결되는지를 체험하게 될 것입니다. 이와 같은 교육 철학을 담은 '드림웨이브'를 통해 한국교회와 가정, 학교에서 다음세대가 다시 일어서고, 하나님 나라의 귀한 일꾼으로 세워지길 간절히 기도합니다.

꿈이 있는 미래 대표 가스를 목사

차 례

머리말 3

교재 활용법 6

한눈에 보기 8

사무엘서 / 열왕기서 10

7단원

1과 죄를 고백해요 15

2과 하나님의 뜻을 따라요 17

3과 하나님의 뜻을 구해요 19

4과 하나님만 높여요 21

5과 하나님이 승리를 주세요 23

8단원

1과 하나님의 말씀을 따라요 27

2과 하나님의 지혜를 구해요 29

3과 하나님의 지혜를 의지해요 31

4과 하나님이 함께하세요 33

9단원

1과 하나님께 감사해요 37

2과 하나님을 사랑해요 39

3과 하나님만 바라봐요 41

4과 나는야 정직한 어린이 43

10단원

1과 고난을 이기게 해 주세요 47
2과 하나님만 진짜예요 49
3과 죄는 숨길 수 없어요 51
4과 능력을 주시는 하나님 53
5과 생명을 주셨어요 55

11단원

1과 깨끗하게 하셨어요 59
2과 하나님의 말씀은 이루어져요 61
3과 하나님께 돌아가요 63
4과 하나님은 우리를 지켜 주세요 65

12단원

1과 하나님의 말씀을 듣고 지켜요 69
2과 하나님만 믿어요 71
3과 하나님께 기도해요 73
4과 말씀을 듣고 잘못을 고백해요 75
5과 나는 겸손한 어린이예요 77

절기

추수감사주일 하나님께 감사해요 81
성탄 주일 세상에 큰 기쁜 소식이 있어요 83

부록 85

교재 활용법

교재 특징

- 학생용 교재는 교회와 가정에서 공과를 원활히 진행할 수 있도록 구성되었습니다.
- 가정 미션지를 통해 매주일 공과를 복습하고 가정예배를 드릴 수 있습니다. 가정 미션지는 '꿈미' 홈페이지에서 다운로드할 수 있습니다.

공과 활용

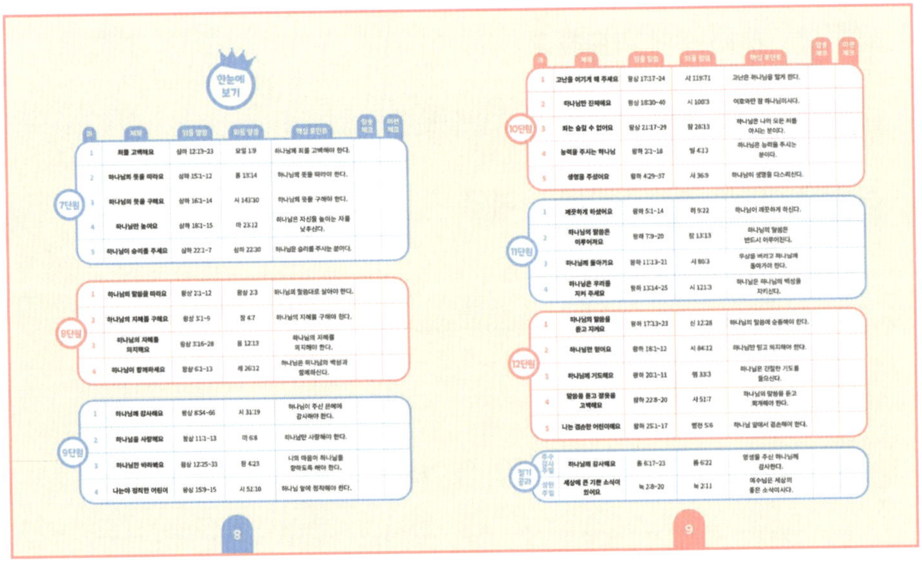

• 한눈에 보기 이 책의 전체 커리큘럼을 확인할 수 있습니다. 가정 또는 교회에서 매주일 내용을 확인하고, 암송과 가정 미션 체크란으로 활용할 수 있습니다.

• 원 포인트 미취학부터 장년까지 동일한 본문, 동일한 포인트로 묵상하여 교회와 가정, 부모와 자녀가 원활히 말씀을 나눌 수 있습니다.

• 외울 말씀 매주일 원 포인트에 따른 말씀을 암송합니다. ‘요송’으로 더욱 쉽고 재미있게 외울 수 있습니다. ‘요송’은 꿈미 홈페이지에서 확인할 수 있습니다.

• 체크란 매주 공과 내용을 확인하고 가정 또는 교회에서 암송과 가정 미션을 수행할 수 있는 체크란이 있습니다. 가정 또는 교회에서 건강한 신앙 훈련을 위해 ‘한눈에 보기’를 잘 보이는 곳에 두어 활용하면 좋습니다.

• 주일 공과 한 공과를 한 장에 구성하여 매주 한 장씩 뜯어서 사용할 수 있습니다.

• WELCOME 핵심 포인트와 관련된 도입 질문입니다. 도입 질문을 통해 해당 공과의 설교 내용을 복습하거나 중심 단어를 학습합니다.

• ADVENTURE 성경 그림을 통해 다양한 활동을 하고 본문 이야기를 복습합니다.

• VALUE 다양한 활동을 통해 본문의 핵심 포인트를 생활에 적용합니다.

• ENCOURAGE 유아 기도문으로 기도하고, 결단문을 함께 외치며 말씀을 마음에 새기고 결단합니다.

한눈에 보기

단원	과	제목	읽을 말씀	외울 말씀	핵심 포인트	암송 체크	미션 체크
7단원	1	죄를 고백해요	삼하 12:13~23	요일 1:9	하나님께 죄를 고백해야 한다.		
	2	하나님의 뜻을 따라요	삼하 15:1~12	롬 13:14	하나님의 뜻을 따라야 한다.		
	3	하나님의 뜻을 구해요	삼하 16:1~14	시 143:10	하나님의 뜻을 구해야 한다.		
	4	하나님만 높여요	삼하 18:1~15	마 23:12	하나님은 자신을 높이는 자를 낮추신다.		
	5	하나님이 승리를 주세요	삼하 22:1~7	삼하 22:30	하나님은 승리를 주시는 분이다.		
8단원	1	하나님의 말씀을 따라요	왕상 2:1~12	왕상 2:3	하나님의 말씀대로 살아야 한다.		
	2	하나님의 지혜를 구해요	왕상 3:1~9	잠 4:7	하나님의 지혜를 구해야 한다.		
	3	하나님의 지혜를 의지해요	왕상 3:16~28	욥 12:13	하나님의 지혜를 의지해야 한다.		
	4	하나님이 함께하세요	왕상 6:1~13	레 26:12	하나님은 하나님의 백성과 함께하신다.		
9단원	1	하나님께 감사해요	왕상 8:54~66	시 31:19	하나님이 주신 은혜에 감사해야 한다.		
	2	하나님을 사랑해요	왕상 11:1~13	미 6:8	하나님만 사랑해야 한다.		
	3	하나님만 바라봐요	왕상 12:25~33	잠 4:23	나의 마음이 하나님을 향하도록 해야 한다.		
	4	나는야 정직한 어린이	왕상 15:9~15	시 51:10	하나님 앞에 정직해야 한다.		

	과	제목	읽을 말씀	외울 말씀	핵심 포인트	암송 체크	미션 체크
10단원	1	고난을 이기게 해 주세요	왕상 17:17~24	시 119:71	고난은 하나님을 알게 한다.		
	2	하나님만 진짜예요	왕상 18:30~40	시 100:3	여호와만 참 하나님이시다.		
	3	죄는 숨길 수 없어요	왕상 21:17~29	잠 28:13	하나님은 나의 모든 죄를 아시는 분이다.		
	4	능력을 주시는 하나님	왕하 2:1~18	빌 4:13	하나님은 능력을 주시는 분이다.		
	5	생명을 주셨어요	왕하 4:29~37	시 36:9	하나님이 생명을 다스리신다.		
11단원	1	깨끗하게 하셨어요	왕하 5:1~14	히 9:22	하나님이 깨끗하게 하신다.		
	2	하나님의 말씀은 이루어져요	왕하 7:9~20	잠 13:13	하나님의 말씀은 반드시 이루어진다.		
	3	하나님께 돌아가요	왕하 11:13~21	시 80:3	우상을 버리고 하나님께 돌아가야 한다.		
	4	하나님은 우리를 지켜 주세요	왕하 13:14~25	시 121:3	하나님은 하나님의 백성을 지키신다.		
12단원	1	하나님의 말씀을 듣고 지켜요	왕하 17:13~23	신 12:28	하나님의 말씀에 순종해야 한다.		
	2	하나님만 믿어요	왕하 18:1~12	시 84:12	하나님만 믿고 의지해야 한다.		
	3	하나님께 기도해요	왕하 20:1~11	렘 33:3	하나님은 간절한 기도를 들으신다.		
	4	말씀을 듣고 잘못을 고백해요	왕하 22:8~20	시 51:7	하나님의 말씀을 듣고 회개해야 한다.		
	5	나는 겸손한 어린이예요	왕하 25:1~17	벧전 5:6	하나님 앞에서 겸손해야 한다.		
절기 공과	추수감사주일	하나님께 감사해요	롬 6:17~23	롬 6:22	영생을 주신 하나님께 감사한다.		
	성탄주일	세상에 큰 기쁜 소식이 있어요	눅 2:8~20	눅 2:11	예수님은 세상의 좋은 소식이시다.		

사무엘서

'사무엘서'의 뜻은?

사무엘서는 이스라엘의 마지막 사사이자 새롭게 왕정 시대를 열게 될 선지자 사무엘의 이야기로 시작해서 다윗 왕조 이야기로 끝을 맺어요. 이스라엘이 어떻게 사사 시대를 마무리하고 왕정 시대를 맞이했는지, 하나님이 그들의 역사에 어떻게 간섭하셨는지를 묘사해요.

누가 썼나요?

선지자 사무엘이 사무엘상 1~24장을, 선지자 나단과 가드가 나머지를 집필했다고 전해져요. 이외에도 다윗 정권 때 서기관으로 활약한 스라야(삼하 8:17), 사독의 아들로 압살롬의 반란 때 다윗을 도운 아히마아스(삼하 15:27), 다윗의 광야 시절부터 함께한 제사장 아비아달(삼하 20:25) 등이 썼다고 말하기도 해요. 저자가 누구였는지 가늠할 수 없어도 B.C. 550~540년대에 바빌론에서 최종적으로 편집되었을 것으로 봐요.

어떤 내용이 담겨 있나요?

사무엘서는 이스라엘의 역사 가운데 사사 시대 말기부터 다윗 왕까지의 역사를 다뤄요. 사무엘은 사울을 왕으로 세우고 후에 다윗을 왕으로 세웠어요. 사무엘은 사울의 실패를 통해 왕도 율법과 하나님의 말씀에 순종해야 함을 알려 줘요. 이스라엘의 진정한 왕은 하나님뿐이에요.

무엇을 배우게 되나요?

첫째, 하나님이 이스라엘의 역사에 주권적으로 개입하신다는 거예요. 역사가 하나님 중심적, 그리스도 중심적으로 전개되는 것을 볼 수 있어요.

둘째, 하나님의 통치-신정(theocracy)의 원칙이에요. 삶의 모든 영역에서 하나님만이 왕이심을 분명히 알아야 해요.

셋째, 왕도 백성과 같이 하나님의 법에 순종해야 한다는 거예요. 사무엘 시대에 백성이 왕을 요구하자, 결국 하나님은 왕을 세우시고 왕의 자격과 의무를 정해 주셨어요. 왕은 하나님의 뜻에 굴복해야 해요. 높은 왕일지라도 하나님의 자리에 앉아서는 안 돼요.

열왕기서

'열왕기서'의 뜻은?

열왕기서는 고대 이스라엘의 왕국 시대(B.C. 970~586년)에 대해서 묘사해요. 또한 열왕기서에는 사울과 다윗의 통치에 관한 이야기는 대부분 제외되었어요. 신명기에 제시된 신학적 관점에 근거해서 이스라엘의 과거를 설명하려고 시도해요.

누가 썼나요?

열왕기서는 B.C. 6세기 이후에 기록된 것으로 추정돼요. 하지만 이와 다른 견해도 있어요. 포로 시대 후기 또는 포로 시대 이후에 저술된 열왕기서가 B.C. 586년 남유다 왕국의 백성이 포로로 끌려가기 전 또는 포로 시대에 저술된 초기 열왕기 판본에 기초해서 작성되었다는 견해예요. 열왕기서의 본문에 페르시아 시대(B.C. 539~330년)에 편집되었다는 증거도 있어요.

어떤 내용이 담겨 있나요?

열왕기서는 신명기에 제시된 신학적 관점에 근거해서, 이스라엘 왕국의 후기 시대를 설명해요. 열왕기서는 선하신 하나님이, 그분이 선택한 나라가 멸망하고 이스라엘 백성이 포로로 잡혀가는 것을 지켜보셨다고 주장해요. 그리고 이는 이스라엘 백성이 하나님 앞에서 수많은 죄를 지었기 때문이라고 해요. 그러나 하나님은 하나님이 선택한 왕조가 끊어지지 않게 하시고, 진정으로 회개한 사람들을 용서해 주세요.

무엇을 배우게 되나요?

첫째, 여호와는 유일하시며 참되신 하나님이라는 사실을 계속해서 보여 줘요. 하나님은 결코 우상과 견줄 수 없는, 모든 만물을 지으신 분이에요.

둘째, 오직 하나님만을 섬겨야 한다는 거예요. 하나님은 이스라엘 백성에게 우상을 섬기지 말고, 오직 하나님만을 경배하라고 말씀하셨어요.

셋째, 참된 예배와 잘못된 예배에 대해서 알려 줘요. 하나님은 우상을 섬기는 잘못된 예배를 심판하세요. 하나님의 백성은 참된 예배를 통해 하나님의 말씀에 순종하며 살아야 해요.

꿈미 메타버스

젭 로블록스

'변하지 않는 말씀을 변하는 시대적 도구로 가르치라.'

2023년 꿈미 메타버스는 드림웨이브 '하나님 나라의 통치' 커리큘럼에 맞춰 제작되었습니다. 하나님의 말씀을 메타버스에서 배울 수 있도록 두 가지 플랫폼의 콘텐츠를 제공합니다.

드림웨이브 <젭>

2D를 활용한 ZEP(젭)은 놀이공원 콘셉트로 맵이 구성되어 있습니다. 드림웨이브 공과에 맞춰 사사 이야기부터 분열 왕국까지의 이야기를 다룹니다. 매주 게임을 통해 자연스럽게 성경 이야기를 배웁니다. 또한 ZEP(젭)으로 오프라인 공간에서 온라인을 활용한 교육을 진행할 수 있습니다.

드림웨이브 <로블록스>

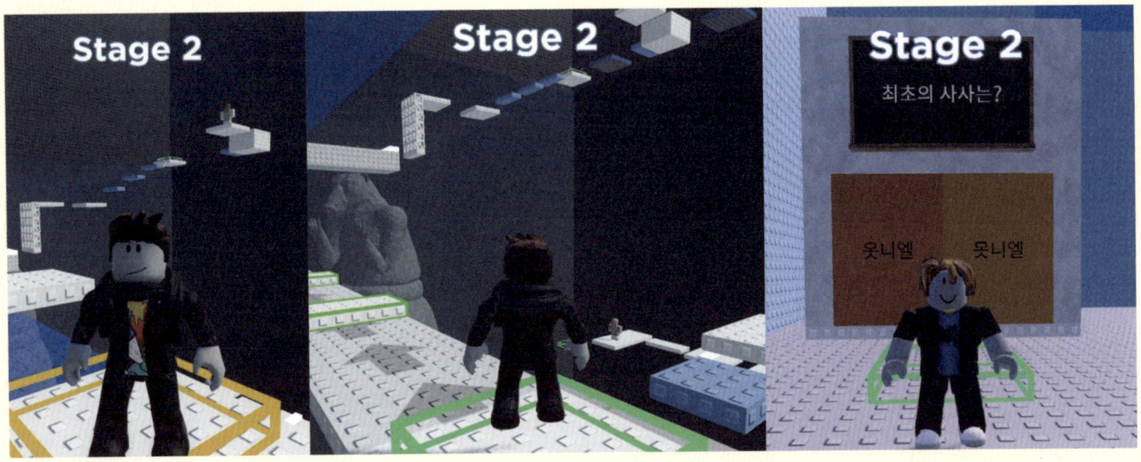

3D를 활용한 ROBLOX(로블록스)는 게임 내에서 가장 인기가 많은 '타워'(점프맵) 형식입니다. 다양한 퀴즈를 통해 아이들이 즐겁게 그리고 자연스럽게 성경을 배울 수 있습니다.

7단원

1과 죄를 고백해요

2과 하나님의 뜻을 따라요

3과 하나님의 뜻을 구해요

4과 하나님만 높여요

5과 하나님이 승리를 주세요

7단원 죄를 고백해요

1과

말 씀 사무엘하 12장 13~23절

외울 말씀 만일 우리가 우리 죄를 자백하면 그는 미쁘시고 의로우사 우리 죄를 사하시며 우리를 모든 불의에서 깨끗하게 하실 것이요 (요한1서 1장 9절)

원 포인트 하나님께 죄를 고백해야 한다.

WELCOME 친구에게 잘못한 적이 있나요?

ADVENTURE **스티커 붙이기** 아래 그림을 보며 성경 말씀을 생각해 보고, 빈 곳에 스티커를 붙여 보세요.

VALUE

죄를 용서해 주세요

다윗은 하나님 앞에서 지은 죄를 고백했어요. 우리도 지은 죄를 하나님께 이야기해 보아요.

준 비 물 부록

활동 방법
1. 다윗이 나단 선지자를 통해 깨달은 죄를 하나님께 고백한 이야기를 나누어요.
2. 하나님은 우리가 회개할 때 모든 죄를 용서해 주시는 분임을 기억해요.
3. 나의 죄를 떠올리며 하나님께 "용서해 주세요"라고 고백해요.
4. 부록의 용서 스티커를 붙이고 감사하는 시간을 가져요.

부록 98쪽

ENCOURAGE

유아 기도문 하나님, 내가 잘못한 일을 숨기지 않을래요. 나의 죄를 용서해 주세요.

결 단 문 나의 죄를 하나님 앞에서 이야기할래요.

하나님의 뜻을 따라요

2과

말 씀 사무엘하 15장 1~12절

외울 말씀 오직 주 예수 그리스도로 옷 입고 정욕을 위하여 육신의 일을 도모하지 말라 (로마서 13장 14절)

원 포인트 하나님의 뜻을 따라야 한다.

WELCOME 선택할 때 무엇을 가장 먼저 생각하나요?

ADVENTURE **숨은 그림 찾기** 아래 그림을 보며 성경 말씀을 생각해 보고, 숨은 그림 네 가지를 찾아보세요. (가방, 물고기, 식빵, 장화)

VALUE

말씀을 따라 걸어요

하나님의 자녀는 자기 뜻이 아닌 하나님의 뜻을 따라 살아가는 사람이에요. 하나님의 말씀을 배우고 하나님의 뜻을 발견하는 우리가 되어요.

준 비 물 색연필

활동 방법
1. 자기 뜻대로 행동한 압살롬의 이야기를 나누어요.
2. 하나님의 자녀는 하나님의 뜻을 따르는 사람임을 말해요.
3. 말씀 미로를 따라 걸으며 하나님의 마음에 대해 배워요.
4. 하나님의 말씀 안에서 하나님의 뜻을 발견하며 살기로 다짐해요.

ENCOURAGE

유아 기도문 언제 어디서나 하나님의 뜻을 따르게 해 주세요.

결 단 문 내 생각대로 하지 않고 하나님의 뜻을 따를래요.

하나님의 뜻을 구해요

3과

말 씀 사무엘하 16장 1~14절

외울 말씀 주는 나의 하나님이시니 나를 가르쳐 주의 뜻을 행하게 하소서 주의 영은 선하시니 나를 공평한 땅에 인도하소서 (시편 143편 10절)

원 포인트 하나님의 뜻을 구해야 한다.

WELCOME 속상한 일이 생겼을 때 어떻게 하나요?

ADVENTURE O / X 맞히기 아래 그림을 보고 맞으면 O, 틀리면 X를 표시해 보세요.

VALUE

우리는 하나님께 기도해요

다윗은 자신을 괴롭힌 시므이를 죽이지 않고, 하나님의 뜻을 구했어요. 우리도 언제나 하나님의 뜻대로 말하고 행동해요.

준 비 물 부록, 할핀

활동 방법
1. 다윗이 시므이를 죽이지 않고 하나님의 뜻을 구했던 이야기를 나누어요.
2. 부록의 시계 도안을 뜯어 그림을 살펴보아요.
3. 부록의 시곗바늘 도안을 뜯고 할핀을 이용해서 시계 도안에 끼워요.
4. 시계가 완성되면 잘 보이는 곳에 걸어 두고 언제나 하나님의 뜻대로 살기로 다짐해요.

부록 85쪽

ENCOURAGE

유아 기도문 하나님의 뜻을 중요하게 여기는 어린이가 되게 해 주세요.

결 단 문 언제나 하나님의 뜻을 구하고 따를래요.

7단원

하나님만 높여요

4과

말 씀 사무엘하 18장 1~15절

외울 말씀 누구든지 자기를 높이는 자는 낮아지고 누구든지 자기를 낮추는 자는 높아지리라 (마태복음 23장 12절)

원 포인트 하나님은 자신을 높이는 자를 낮추신다.

WELCOME 우리 가족을 자랑해 볼까요?

ADVENTURE 색칠하기 아래 그림을 보며 성경 말씀을 생각해 보고, 색칠하기 활동을 해 보세요.

VALUE

하나님을 자랑해요

하나님을 높이지 않았던 압살롬은 결국 전쟁에서 죽임을 당했어요. 우리는 하나님을 높여야 해요. 마이크를 만들어 하나님을 자랑해 보아요.

준 비 물 부록, 휴지심, 색종이, 테이프, 풀

활동 방법
1. 압살롬의 마지막 이야기를 나누어요.
2. 부록의 마이크 도안을 뜯고 동그라미 부분을 없애요.
3. 마이크 도안을 접고 풀로 붙여요.
4. 준비한 휴지심에 색종이를 풀로 붙여 꾸며요.
5. 휴지심을 동그라미 부분에 끼우고 완성해요.
6. 마이크를 잡고 하나님이 하신 일을 자랑해요.

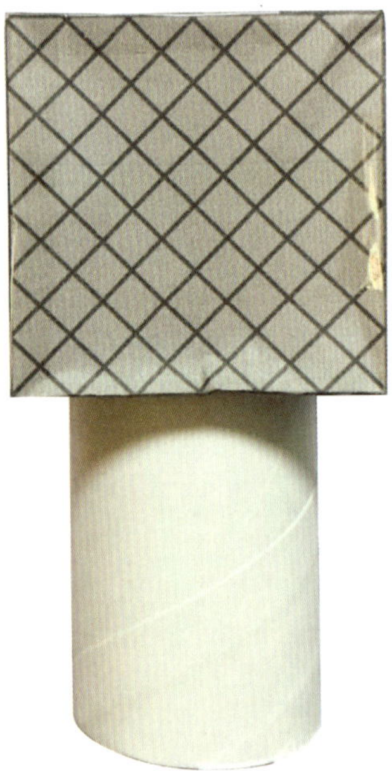

부록 86쪽

ENCOURAGE

유아 기도문 하나님만 높이고 자랑하는 겸손한 어린이가 되게 해 주세요.

결 단 문 언제나 하나님만 높이는 내가 될래요.

7단원

하나님이 승리를 주세요

5과

말씀 사무엘하 22장 1~7절

외울 말씀 내가 주를 의뢰하고 적진으로 달리며 내 하나님을 의지하고 성벽을 뛰어넘나이다 (사무엘하 22장 30절)

원 포인트 하나님은 승리를 주시는 분이다.

WELCOME 게임에서 이기면 어떤 생각이 드나요?

ADVENTURE 색칠하기 아래 그림을 보며 성경 말씀을 생각해 보고, 색칠하기 활동을 해 보세요.

VALUE

하나님을 노래해요

다윗은 지금까지 함께하신 하나님께 감사하며 노래했어요.
확성기를 만들어 다윗과 같이 승리를 주시는 하나님을 높여요.

준 비 물 부록, 풀

활동 방법
1. 부록을 뜯고 살펴보며 성경 이야기를 복습해요.
2. 손잡이 부분을 뜯고 칼선이 난 네모 부분을 없애요.
3. 풀칠하는 곳에 풀을 칠하고, 칼선에 오른쪽 손잡이를 통과시켜 확성기를 완성해요.
4. 확성기를 통해 승리를 주시는 하나님을 큰 소리로 노래해요.

부록 87쪽

ENCOURAGE

유아 기도문 날마다 승리를 주시는 하나님께 감사해요.

결 단 문 하나님만 높이는 어린이가 될래요.

드림 웨이브

하나님 나라의 통치 2

8단원

1과 하나님의 말씀을 따라요

2과 하나님의 지혜를 구해요

3과 하나님의 지혜를 의지해요

4과 하나님이 함께하세요

8단원 하나님의 말씀을 따라요

1과

말씀 열왕기상 2장 1~12절

외울 말씀 네 하나님 여호와의 명령을 지켜 그 길로 행하여 그 법률과 계명과 율례와 증거를 모세의 율법에 기록된 대로 지키라 그리하면 네가 무엇을 하든지 어디로 가든지 형통할지라 (열왕기상 2장 3절)

원 포인트 하나님의 말씀대로 살아야 한다.

WELCOME 부모님이 자주 하시는 말씀은 무엇인가요?

ADVENTURE **스티커 붙이기** 아래 그림을 보며 성경 말씀을 생각해 보고, 빈 곳에 스티커를 붙여 보세요.

VALUE

하나님의 말씀을 따라요

다윗은 솔로몬에게 하나님의 말씀을 지켜 행하라고 말했어요. 날마다 하나님의 말씀을 기억하고 따르는 우리가 되어요.

준 비 물 부록, 풀

활동 방법
1. 다윗이 솔로몬에게 들려준 이야기를 나누어요.
2. 하나님의 말씀을 지켜 행하는 사람은 형통하다는 말씀을 기억해요.
3. 부록에서 가랜드 카드 도안을 뜯고 글씨를 따라 읽어요.
4. 부록에서 가랜드 줄 도안을 뜯고, 카드를 줄 도안 위에 풀로 붙여요.
5. 가랜드를 잘 보이는 곳에 걸어 두고 날마다 말씀을 따르기로 약속해요.

부록 88쪽

ENCOUNTER

ENCOURAGE

유아 기도문 언제나 하나님의 말씀을 기억하고 따르게 해 주세요.

결 단 문 하나님의 말씀에 순종하는 내가 될래요.

8단원 하나님의 지혜를 구해요

2과

말 씀 열왕기상 3장 1~9절

외울 말씀 지혜가 제일이니 지혜를 얻으라 네가 얻은 모든 것을 가지고 명철을 얻을지니라 (잠언 4장 7절)

원 포인트 하나님의 지혜를 구해야 한다.

WELCOME 생일에 어떤 선물을 받았나요?

ADVENTURE **스티커 붙이기** 아래 그림을 보며 성경 말씀을 생각해 보고, 빈 곳에 스티커를 붙여 보세요.

VALUE

지혜를 주세요

솔로몬은 하나님께 지혜를 달라고 말했어요. 우리가 하나님께 구해야 하는 것에 대해 살펴보아요.

준 비 물 색연필

활동 방법
1. 솔로몬이 하나님께 지혜를 구한 이야기를 나누어요.
2. 솔로몬의 기도가 하나님의 마음을 기쁘시게 했음을 이야기해요.
3. 우리가 하나님께 달라고 할 것은 무엇인지 이야기해요.
4. 교재의 그림 중 하나님께 받고 싶은 것에 동그라미 표시를 해요.

ENCOURAGE

유아 기도문 그 어떤 것보다 하나님의 지혜를 갖게 해 주세요.

결 단 문 솔로몬에게 주신 지혜를 구하는 어린이가 될래요.

8단원 하나님의 지혜를 의지해요

3과

말 씀 열왕기상 3장 16~28절

외울 말씀 지혜와 권능이 하나님께 있고 계략과 명철도 그에게 속하였나니 (욥기 12장 13절)

원 포인트 하나님의 지혜를 의지해야 한다.

WELCOME 모르는 것이 생겼을 때 어떻게 하나요?

ADVENTURE **색칠하기** 아래 그림을 보며 성경 말씀을 생각해 보고, 색칠하기 활동을 해 보세요.

VALUE

지혜가 필요해요

하나님의 지혜를 의지해서 사람들을 도왔던 솔로몬을 기억하며 지혜를 얻을 수 있는 성경책을 완성해 보아요.

준 비 물 색연필

활동 방법
1. 솔로몬이 하나님의 지혜를 의지해서 판결한 이야기를 나누어요.
2. 솔로몬에게 지혜를 주셨던 하나님께 지혜를 달라고 기도해요.
3. 색연필로 선을 연결해서 성경책을 완성해요.
4. 색연필로 '지혜' 글자를 따라 써요.
5. 선생님을 따라 "하나님, 지혜가 필요해요"라고 외쳐요.

ENCOURAGE

유아 기도문 하나님의 지혜를 의지해서 모든 일을 멋지게 해내는 어린이가 되고 싶어요.

결 단 문 하나님의 지혜만 의지할래요.

8단원 하나님이 함께하세요

4과

말씀 열왕기상 6장 1~13절

외울 말씀 나는 너희 중에 행하여 너희의 하나님이 되고 너희는 내 백성이 될 것이니라 (레위기 26장 12절)

원 포인트 하나님은 하나님의 백성과 함께하신다.

WELCOME 누구와 함께할 때 행복한가요?

ADVENTURE **색칠하기** 아래 그림을 보며 성경 말씀을 생각해 보고, 색칠하기 활동을 해 보세요.

VALUE

하나님이 함께하세요

솔로몬은 하나님을 사랑하는 마음으로 하나님의 성전을 지었어요. 예수님의 몸과 같은 교회를 사랑하는 마음을 가져요.

준 비 물 부록, 색연필

활동 방법

1. 솔로몬이 하나님의 성전을 지었을 때 마음이 어땠을지 이야기를 나누어요.
2. 예수님의 몸과 같은 교회를 사랑하기로 다짐해요.
3. 부록 스티커를 붙여 그림을 완성해요.
4. 늘 함께하시는 하나님께 감사하는 마음을 담아 예수님 옆에 하트를 그려요.

부록 98쪽

ENCOURAGE

유아 기도문 하나님을 늘 가까이하게 해 주세요.

결 단 문 하나님과 함께하는 기쁨을 누릴래요.

드림 웨이브

하나님 나라의 통치 2

9단원

1과 하나님께 감사해요

2과 하나님을 사랑해요

3과 하나님만 바라봐요

4과 나는야 정직한 어린이

9단원 하나님께 감사해요

1과

말 씀 열왕기상 8장 54~66절

외울 말씀 주를 두려워하는 자를 위하여 쌓아 두신 은혜 곧 주께 피하는 자를 위하여 인생 앞에 베푸신 은혜가 어찌 그리 큰지요 (시편 31편 19절)

원 포인트 하나님이 주신 은혜에 감사해야 한다.

WELCOME 내가 받았던 최고의 선물은 무엇인가요?

ADVENTURE **색칠하기** 아래 그림을 보며 성경 말씀을 생각해 보고, 색칠하기 활동을 해 보세요.

VALUE

하나님께 감사해요

솔로몬은 은혜를 주신 하나님께 감사했어요. 그림을 보고 감사하는 어린이를 찾아보세요.

준 비 물 부록

활동 방법
❶ 솔로몬의 이야기를 나누어요.
❷ 감사하는 어린이에게 스티커를 붙여요.
❸ 항상 하나님께 감사하기로 다짐해요.

부록 98쪽

ENCOURAGE

유아 기도문 은혜를 주시는 하나님을 기억하며 살게 해 주세요.

결 단 문 매일 하나님께 감사하며 살아갈래요.

9단원 하나님을 사랑해요

2과

말 씀 열왕기상 11장 1~13절

외울 말씀 사람아 주께서 선한 것이 무엇임을 네게 보이셨나니 여호와께서 네게 구하시는 것은 오직 정의를 행하며 인자를 사랑하며 겸손하게 네 하나님과 함께 행하는 것이 아니냐 (미가 6장 8절)

원 포인트 하나님만 사랑해야 한다.

WELCOME 무엇을 가장 사랑하나요?

ADVENTURE **순서 맞추기** 아래 그림을 보며 성경 말씀을 생각해 보고, 시간 순서에 따라 빈칸에 번호를 적어 주세요.

VALUE

하나님만 사랑해요

누구를 가장 사랑해야 하는지 생각하며 사랑 목걸이를 만들어 보아요.

준 비 물 부록, 색연필, 끈

활동 방법
1. 우리가 누구를 가장 사랑해야 하는지 이야기해요.
2. 부록의 하트 도안을 뜯어요.
3. 하트에 쓰인 '하나님만 사랑해요' 글자를 따라 써요.
4. 하트의 검정색 동그라미를 뜯어서 구멍을 만들어요.
5. 구멍에 끈을 연결해서 목걸이를 만들어요.
6. 하나님의 사람은 하나님만 사랑해야 하는 것을 기억해요.

부록 89쪽

ENCOURAGE

유아 기도문 하나님만 사랑하며 살아가게 해 주세요.

결 단 문 그 누구보다 하나님을 가장 사랑할래요.

9단원 하나님만 바라봐요

3과

말　　씀 열왕기상 12장 25~33절

외울 말씀 모든 지킬 만한 것 중에 더욱 네 마음을 지키라 생명의 근원이 이에서 남이니라 (잠언 4장 23절)

원 포인트 나의 마음이 하나님을 향하도록 해야 한다.

WELCOME 해바라기 꽃을 아나요?

ADVENTURE **표시 따라 쓰기** 아래 그림을 보며 성경 말씀을 생각해 보고, 다음 표시를 따라 써 보세요.

VALUE

하나님을 바라봐요

하나님의 사람은 하나님만 바라봐야 해요. 하나님을 바라보는 어린이를 찾아보아요.

준 비 물 색연필

활동 방법
❶ 하나님을 바라보지 않은 여로보암에 대해 이야기해요.
❷ 색연필을 들고 하나님을 바라보는 어린이를 찾아 동그라미 표시를 해요.
❸ 우리의 마음이 하나님을 바라봐야 한다는 것을 기억해요.

ENCOURAGE

유아 기도문 항상 하나님만 바라보게 해 주세요.

결 단 문 항상 하나님을 바라보며 살아갈래요.

9단원 나는야 정직한 어린이

4과

말　　씀 열왕기상 15장 9~15절

외울 말씀 하나님이여 내 속에 정한 마음을 창조하시고 내 안에 정직한 영을 새롭게 하소서 (시편 51편 10절)

원 포인트 하나님 앞에 정직해야 한다.

WELCOME 거짓말을 해 본 적이 있나요?

ADVENTURE **맞는 내용 표시하기** 아래 질문에 맞는 그림에 동그라미를 표시해요.

VALUE

하나님 앞에서 정직해야 해요

항상 하나님 앞에서 정직하게 살기로 다짐해요.

준 비 물 부록, 색연필

활동 방법
❶ 부록에 있는 서약서를 뜯어요.
❷ 빈칸에 날짜와 이름을 적어요.
❸ 장식 스티커로 서약서를 꾸며요.
❹ 서약서를 읽고 항상 하나님 앞에서 정직하게 살기로 다짐해요.

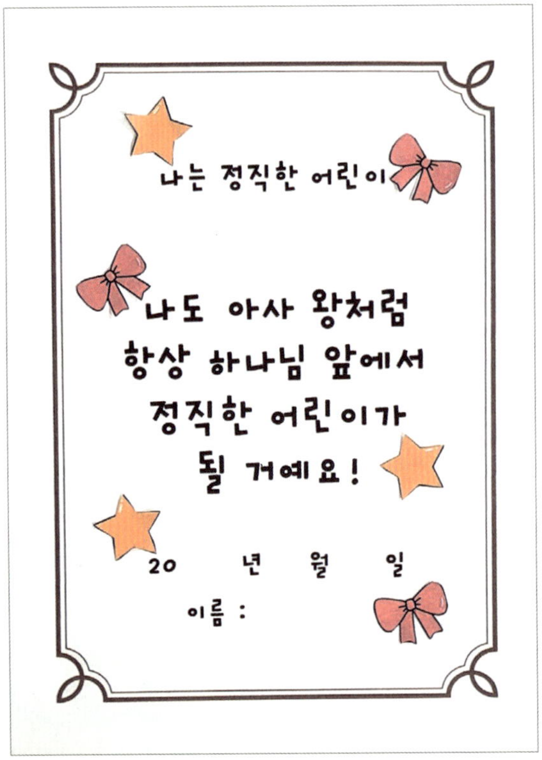

부록 90, 98쪽

ENCOURAGE

유아 기도문 하나님 앞에서 정직하게 살아가게 해 주세요.

결 단 문 언제나 정직하게 살아갈래요.

드림 웨이브

하나님 나라의 통치 2

10단원

1과 고난을 이기게 해 주세요

2과 하나님만 진짜예요

3과 죄는 숨길 수 없어요

4과 능력을 주시는 하나님

5과 생명을 주셨어요

10단원 고난을 이기게 해 주세요

1과

말씀 열왕기상 17장 17~24절

외울 말씀 고난 당한 것이 내게 유익이라 이로 말미암아 내가 주의 율례들을 배우게 되었나이다 (시편 119편 71절)

원 포인트 고난은 하나님을 알게 한다.

WELCOME 언제 가장 힘이 드나요?

ADVENTURE **스티커 붙이기** 아래 그림을 보며 성경 말씀을 생각해 보고, 빈 곳에 스티커를 붙여 보세요.

VALUE

어려움을 이겨 낼 수 있게 해 주세요

하나님이 도와주시면 어려움을 이길 수 있어요. 어려움을 이겨 내며 미로를 통과해 보세요.

준 비 물 부록, 색연필

활동 방법
1. 미로를 가다 보면, 막힌 길을 만나게 돼요.
2. 막힌 길을 만나면 "하나님, 도와주세요!"라고 외쳐요.
3. 길을 통과할 수 있게 스티커를 붙이고, 길을 따라 통과해요.
4. 어려움이 생길 때 도와주시는 분은 하나님임을 기억하기로 약속해요.

부록 99쪽

ENCOURAGE

유아 기도문 어려움이 생길 때마다 도와주시는 하나님을 믿으며 살게 해 주세요.

결 단 문 어려움이 생겨도 하나님을 믿으며 살아갈래요.

10단원 하나님만 진짜예요

2과

말 씀 열왕기상 18장 30~40절

외울 말씀 여호와가 우리 하나님이신 줄 너희는 알지어다 그는 우리를 지으신 이요 우리는 그의 것이니 그의 백성이요 그의 기르시는 양이로다 (시편 100편 3절)

원 포인트 여호와만 참 하나님이시다.

WELCOME 진짜와 가짜는 어떻게 구분할까요?

ADVENTURE **순서 맞추기** 아래 그림을 보며 성경 말씀을 생각해 보고, 시간 순서에 따라 빈칸에 번호를 적어 보세요.

VALUE

하나님은 참 하나님이세요

하나님이 엘리야의 기도를 들으시고 제단에 불을 내려 주셨어요. 두 그림을 보고 다른 부분 다섯 군데를 찾아 동그라미 표시를 해 보아요.

준 비 물 색연필

활동 방법
1. 갈멜산에서 엘리야가 행한 일에 대해 이야기를 나누어요.
2. 두 개의 그림을 보고, 어떤 부분이 다른지 찾아보아요.
3. 하나님이 참 하나님이시라고 고백해요.

ENCOURAGE

유아 기도문 다른 것을 바라보지 않고 참 하나님만 믿으며 살게 해 주세요.

결 단 문 참 하나님을 기억하는 어린이가 될래요.

10단원

죄는 숨길 수 없어요

3과

말씀 열왕기상 21장 17~29절

외울 말씀 자기의 죄를 숨기는 자는 형통하지 못하나 죄를 자복하고 버리는 자는 불쌍히 여김을 받으리라 (잠언 28장 13절)

원 포인트 하나님은 나의 모든 죄를 아시는 분이다.

WELCOME 비밀을 들킨 적이 있나요?

ADVENTURE **스티커 붙이기** 아래 그림을 보며 성경 말씀을 생각해 보고, 빈 곳에 스티커를 붙여 보세요.

VALUE

하나님은 모든 것을 아세요

하나님은 우리의 모든 죄를 아세요. 죄를 짓는 어린이를 찾아 포도알 스티커를 붙이며 죄를 짓지 않기로 다짐해 보아요.

준 비 물 부록

활동 방법
1. 그림을 보고 죄를 짓고 있는 어린이를 찾아보아요.
2. 죄를 짓는 어린이에게 포도알 스티커를 붙여요.
3. 하나님은 우리의 모든 죄를 아신다는 사실을 기억하고 죄를 짓지 않기로 다짐해요.

부록 99쪽

ENCOURAGE

유아 기도문 하나님, 다른 사람들 몰래 지었던 모든 죄를 용서해 주세요.

결 단 문 하나님 앞에서 정직한 내가 될래요.

10단원 능력을 주시는 하나님

4과

말　　씀 열왕기하 2장 1~18절

외울 말씀 내게 능력 주시는 자 안에서 내가 모든 것을 할 수 있느니라 (빌립보서 4장 13절)

원 포인트 하나님은 능력을 주시는 분이다.

WELCOME 두발자전거를 타 본 적이 있나요?

ADVENTURE **글자 따라 쓰기** 아래 그림을 보며 성경 말씀을 생각해 보고, 다음 문장을 큰 소리로 읽으며 따라 써 보세요.

VALUE

능력을 주세요

하나님은 엘리야의 능력을 엘리사에게 주셨어요. 능력을 받은 엘리사의 표정이 어땠을지 상상하며 그려 보아요.

준 비 물 색연필

활동 방법
❶ 하나님께 능력을 받은 엘리사의 이야기를 나누어요.
❷ 능력을 받은 엘리사의 표정을 색연필로 그려요.
❸ 우리에게 능력을 주시는 분이 하나님임을 기억해요.

ENCOURAGE

유아 기도문 하나님, 우리에게 능력을 주셔서 감사해요.

결 단 문 능력을 주시는 하나님을 기억하며 살아갈래요.

10단원 생명을 주셨어요

5과

말 씀 열왕기하 4장 29~37절

외울 말씀 진실로 생명의 원천이 주께 있사오니 주의 빛 안에서 우리가 빛을 보리이다 (시편 36편 9절)

원 포인트 하나님이 생명을 다스리신다.

WELCOME 우리를 다스리시는 분은 누구인가요?

ADVENTURE **순서 맞추기** 아래 그림을 보며 성경 말씀을 생각해 보고, 시간 순서에 따라 빈칸에 번호를 적어 보세요.

VALUE

하나님이 생명을 주셨어요

하나님이 수넴 여인의 아들에게 새 생명을 주셨어요. 두 개의 그림을 보고 다른 부분 세 군데를 찾아보아요.

준 비 물 색연필

활동 방법
❶ 죽었다가 살아난 수넴 여인의 아들에 대해 이야기를 나누어요.
❷ 두 개의 그림을 보고, 어떤 부분이 다른지 찾아보아요.
❸ 하나님이 생명을 다스리신다는 것을 기억해요.

ENCOURAGE

유아 기도문 생명을 주시고 다스리시는 하나님을 믿게 해 주세요.

결 단 문 생명을 주시는 하나님을 믿을래요.

드림 웨이브

하나님 나라의 통치 2

11단원

1과 깨끗하게 하셨어요

2과 하나님의 말씀은 이루어져요

3과 하나님께 돌아가요

4과 하나님은 우리를 지켜 주세요

11단원 깨끗하게 하셨어요

1과

말씀 열왕기하 5장 1~14절

외울 말씀 율법을 따라 거의 모든 물건이 피로써 정결하게 되나니 피흘림이 없은즉 사함이 없느니라 (히브리서 9장 22절)

원 포인트 하나님이 깨끗하게 하신다.

WELCOME 내 옷은 깨끗한가요?

ADVENTURE **색칠하기** 아래 그림을 보며 성경 말씀을 생각해 보고, 색칠하기 활동을 해 보세요.

VALUE

깨끗해졌어요

요단강에 들어간 나아만에게 무슨 일이 일어났나요?

준 비 물 부록, 풀

활동 방법

1. 우리를 깨끗하게 하시는 하나님에 대해 이야기를 나누어요.
2. 부록의 배경지를 뜯어요.
3. 부록의 나아만 그림을 뜯어요.
4. 부록에서 막대가 될 네모를 뜯어 반으로 접고 풀로 붙여요.
5. 막대 한쪽에는 나병에 걸린 나아만을, 반대쪽에는 깨끗해진 나아만을 붙여요.
6. 배경지의 칼선으로 나아만을 통과시켜요.

부록 91~92쪽

ENCOURAGE

유아 기도문 하나님, 우리를 깨끗하게 해 주셔서 감사해요.

결 단 문 깨끗하게 하시는 하나님께 감사하며 살아갈래요.

11단원 하나님의 말씀은 이루어져요

2과

말 씀 열왕기하 7장 9~20절

외울 말씀 말씀을 멸시하는 자는 자기에게 패망을 이루고 계명을 두려워하는 자는 상을 받느니라 (잠언 13장 13절)

원 포인트 하나님의 말씀은 반드시 이루어진다.

WELCOME 기대했는데 실망했던 적이 있나요?

ADVENTURE **스티커 붙이기** 아래 그림을 보며 성경 말씀을 생각해 보고, 빈 곳에 스티커를 붙여 보세요.

VALUE

하나님의 말씀은 이루어져요

하나님의 말씀은 반드시 이루어진다는 것을 기억하며 퍼즐을 완성해요.

준 비 물 부록

활동 방법
1. 하나님의 말씀은 언제나 이루어진다는 사실을 나누어요.
2. 성경책이 나뉜 모양을 보고 알맞은 위치에 스티커를 붙여요.
3. 스티커를 붙여 성경책을 완성해요.
4. 하나님의 말씀은 언제나 이루어진다는 것을 기억해요.

부록 100쪽

ENCOURAGE

유아 기도문 하나님의 말씀이 꼭 이루어짐을 기억하며 살게 해 주세요.

결 단 문 반드시 이루어지는 하나님의 말씀을 믿을래요.

11단원 하나님께 돌아가요

3과

말씀 열왕기하 11장 13~21절

외울 말씀 하나님이여 우리를 돌이키시고 주의 얼굴빛을 비추사 우리가 구원을 얻게 하소서 (시편 80편 3절)

원 포인트 우상을 버리고 하나님께 돌아가야 한다.

WELCOME 뒤늦게 잘못을 깨달은 적이 있나요?

ADVENTURE **색칠하기** 아래 그림을 보며 성경 말씀을 생각해 보고, 색칠하기 활동을 해 보세요.

VALUE

하나님께 갈래요

하나님의 자녀는 다시 하나님께 돌아가야 해요. 하나님께로 돌아가는 부메랑을 만들어 보아요.

준 비 물 부록, 테이프

활동 방법
1. 하나님의 자녀는 다시 하나님께 돌아가야 한다는 이야기를 나누어요.
2. 부록의 부메랑 도안 두 장을 뜯어요.
3. 점선을 따라 모서리를 접고 테이프를 붙여 고정해요.
4. 도안 두 장을 십자 모양으로 겹친 후 테이프를 붙여 고정해요.
5. 하나님 앞에 잘못한 일을 고백해요.
6. "다시 하나님께 돌아갈래요"라고 외치면서 부메랑을 던지고 활동을 마무리해요.

부록 93쪽

ENCOURAGE

유아 기도문 하나님만 믿는 하나님의 자녀가 되게 해 주세요.

결 단 문 잘못을 고백하고 다시 하나님께 돌아가는 어린이가 될래요.

11단원 하나님은 우리를 지켜 주세요

4과

말씀 열왕기하 13장 14~25절

외울 말씀 여호와께서 너를 실족하지 아니하게 하시며 너를 지키시는 이가 졸지 아니하시리로다 (시편 121편 3절)

원 포인트 하나님은 하나님의 백성을 지키신다.

WELCOME 다른 사람의 도움을 받은 적이 있나요?

ADVENTURE **색칠하기** 아래 그림을 보며 성경 말씀을 생각해 보고, 색칠하기 활동을 해 보세요.

VALUE

하나님 감사해요

언제나 나를 지켜 주시는 하나님께 감사를 고백하며, 나를 지키시는 하나님의 손을 만들어 보아요.

준 비 물 부록, 색연필

활동 방법
1. 하나님은 언제나 하나님의 백성을 지켜 주신다는 이야기를 나누어요.
2. 부록 도안을 뜯어요.
3. 하트를 색연필로 색칠해요.
4. 손바닥에 쓰인 '감사' 글자를 따라 써요.
5. 점선을 따라 양손을 안쪽으로 접어요.
6. "하나님, 나를 지켜 주셔서 감사해요"라고 고백하며 활동을 마무리해요.

부록 94쪽

ENCOURAGE

유아 기도문 언제나 지켜 주시는 하나님께 감사해요.

결 단 문 나를 지켜 주시는 하나님께 감사하는 어린이가 될래요.

드림 웨이브

하나님 나라의 통치 2

12단원

1과 하나님의 말씀을 듣고 지켜요

2과 하나님만 믿어요

3과 하나님께 기도해요

4과 말씀을 듣고 잘못을 고백해요

5과 나는 겸손한 어린이예요

12단원

하나님의 말씀을 듣고 지켜요

1과

말씀 열왕기하 17장 13~23절

외울 말씀 내가 네게 명령하는 이 모든 말을 너는 듣고 지키라 네 하나님 여호와의 목전에 선과 의를 행하면 너와 네 후손에게 영구히 복이 있으리라 (신명기 12장 28절)

원 포인트 하나님의 말씀에 순종해야 한다.

WELCOME 내 마음대로 하고 싶을 때는 언제인가요?

ADVENTURE **순서 맞추기** 아래 그림을 보며 성경 말씀을 생각해 보고, 시간 순서에 따라 빈칸에 번호를 적어 보세요.

VALUE

말씀을 듣고 지켜요

하나님의 자녀가 듣고 지켜야 하는 건 무엇일까요? 말씀 스티커를 붙여 보아요.

준 비 물 부록

활동 방법
1. 하나님의 자녀는 하나님의 말씀을 듣고 지켜야 한다는 이야기를 나누어요.
2. 어린이들의 손 위에 말씀 스티커를 붙여요.
3. 언제나 말씀을 듣고 지키겠다고 고백하며 활동을 마무리해요.

부록 100쪽

ENCOURAGE

유아 기도문 하나님의 말씀을 듣고 지키도록 해 주세요.

결 단 문 언제나 말씀을 가까이하고 순종하는 어린이가 될래요.

12단원

하나님만 믿어요

2과

말 씀 열왕기하 18장 1~12절

외울 말씀 만군의 여호와여 주께 의지하는 자는 복이 있나이다 (시편 84편 12절)

원 포인트 하나님만 믿고 의지해야 한다.

WELCOME 등받이가 없는 의자에 앉아 본 적이 있나요?

ADVENTURE **글자 따라 쓰기** 아래 그림을 보며 성경 말씀을 생각해 보고, 다음 문장을 큰 소리로 읽으며 따라 써 보세요.

VALUE

하나님만 믿어요

하나님만 믿는 어린이의 모습을 찾아서 동그라미 표시를 해 보아요.

준 비 물 색연필

활동 방법
1. 하나님만 믿는 어린이의 모습은 어떤 모습일지 이야기해요.
2. 하나님의 말씀을 읽는 모습과 기도하는 모습에 동그라미 표시를 해요.
3. 하나님만 믿는 어린이가 되기로 고백하며 마무리해요.

ENCOURAGE

유아 기도문 하나님이 싫어하시는 행동을 버리고 하나님을 믿는 어린이답게 살아가게 해 주세요.

결 단 문 하나님만 믿고, 믿음의 행동을 하는 어린이가 될래요.

12단원 하나님께 기도해요

3과

말 씀 열왕기하 20장 1~11절

외울 말씀 너는 내게 부르짖으라 내가 네게 응답하겠고 네가 알지 못하는 크고 은밀한 일을 네게 보이리라 (예레미야 33장 3절)

원 포인트 하나님은 간절한 기도를 들으신다.

WELCOME 어려운 일이 생기면 어떻게 하나요?

ADVENTURE **스티커 붙이기** 아래 그림을 보며 성경 말씀을 생각해 보고, 빈 곳에 스티커를 붙여 주세요.

VALUE

기도를 들어주세요

우리의 기도를 들어주시는 하나님께 드리는 기도 카드를 만들어 보아요.

준 비 물　부록, 색연필

활동 방법
1. 어려움이 있을 때 하나님께 기도해야 함을 이야기해요.
2. 부록의 손 모양 카드를 뜯어요.
3. 동그라미 안에 하나님께 간절히 기도해야 할 내용을 적어요.
4. 손 모양의 점선을 따라 접어 기도 카드를 완성해요.
5. 어려운 문제가 있을 때 하나님께 기도하기로 결단하며 활동을 마무리해요.

부록 95쪽

ENCOURAGE

유아 기도문　어려운 문제가 있을 때 하나님께 기도하게 해 주세요.

결 단 문　기도를 들어주시는 하나님께 마음을 다해 기도할래요.

12단원

말씀을 듣고 잘못을 고백해요

4과

말씀 열왕기하 22장 8~20절

외울 말씀 우슬초로 나를 정결하게 하소서 내가 정하리이다 나의 죄를 씻어 주소서 내가 눈보다 희리이다 (시편 51편 7절)

원 포인트 하나님의 말씀을 듣고 회개해야 한다.

WELCOME 잘못을 고백한 적이 있나요?

ADVENTURE **O / X 맞히기** 아래 그림을 보고 맞으면 O, 틀리면 X를 표시해 보세요.

VALUE

잘못을 이야기해요

말씀을 듣고 잘못을 깨달았을 때 어떻게 해야 할지 알맞은 행동을 찾아 연결해 보아요.

준 비 물 색연필

활동 방법
1. 요시야 왕이 말씀을 듣고 자신의 잘못을 고백한 이야기를 나누어요.
2. 말씀을 듣고 잘못을 깨달았을 때 어떻게 해야 하는지 질문해요.
3. 알맞은 행동을 찾아 선으로 연결해요.
4. 잘못을 깨달았을 때 하나님께 잘못을 고백하기로 결단하며 활동을 마무리해요.

ENCOURAGE

유아 기도문 하나님의 말씀을 들을 때, 나의 모습을 돌아보게 해 주세요.

결 단 문 말씀을 듣고 잘못을 깨달았을 때 솔직하게 고백할래요.

12단원

나는 겸손한 어린이예요

5과

말씀 열왕기하 25장 1~17절

외울 말씀 그러므로 하나님의 능하신 손 아래에서 겸손하라 때가 되면 너희를 높이시리라 (베드로전서 5장 6절)

원 포인트 하나님 앞에서 겸손해야 한다.

WELCOME 나쁜 행동을 계속하면 어떻게 될까요?

ADVENTURE 맞는 내용 표시하기 아래 질문에 맞는 그림에 동그라미를 표시해요.

VALUE

겸손한 어린이가 되어요

나쁜 행동을 하는 어린이에게 스티커를 붙여서 말씀을 듣고 행동하는 겸손한 어린이로 변화시켜 주세요.

준 비 물 부록

활동 방법
1. 하나님 말씀을 잘 듣고 행동하는 모습이 겸손한 모습이라는 이야기를 나누어요.
2. 그림을 보며 말씀을 잘 지키지 않는 행동에 대해 이야기해요.
3. 스티커를 그림 위에 붙여, 그림 속 어린이를 말씀을 잘 듣고 지키는 모습으로 변화시켜요.
4. 겸손한 어린이는 말씀을 잘 듣고 지켜야 함을 이야기하며 마무리해요.

부록 100쪽

ENCOURAGE

유아 기도문 하나님의 말씀을 잘 듣고 겸손하게 지키도록 도와주세요.

결 단 문 말씀을 잘 듣고 지키는 겸손한 어린이가 될래요.

드림 웨이브

하나님 나라의 통치 2

절기 공과

추수 감사 주일 하나님께 감사해요

성탄 주일 세상에 큰 기쁜 소식이 있어요

절기

하나님께 감사해요

추수 감사 주일

말 씀 로마서 6장 17~23절

외울 말씀 이제는 너희가 죄로부터 해방되고 하나님께 종이 되어 거룩함에 이르는 열매를 맺었으니 그 마지막은 영생이라 (로마서 6장 22절)

원 포인트 영생을 주신 하나님께 감사한다.

WELCOME 하나님께 감사한 일은 무엇인가요?

ADVENTURE **글자 따라 쓰기** 아래 그림을 보며 성경 말씀을 생각해 보고, 다음 단어를 큰 소리로 읽으며 따라 써 보세요.

VALUE

영원한 생명을 주세요

영원한 생명을 주신 하나님께 감사를 고백해요.

준 비 물 부록, 풀

활동 방법
1. 우리의 죄를 용서해 주시고, 영원한 생명을 주신 하나님께 감사를 고백해요.
2. 부록의 하트를 뜯어요.
3. 하트 속에 그려진 우리의 죄의 모습에 대해 이야기해요.
4. 부록의 십자가를 뜯고, 십자가에 적힌 글씨를 큰 소리로 읽어요. "영생!"
5. 죄의 모습이 그려진 하트를 십자가에 풀로 붙여요.
6. 다 함께 십자가를 가슴에 들고서 "영생을 주신 하나님, 감사합니다!"라고 외쳐요.

부록 96쪽

ENCOURAGE

유아 기도문 십자가로 우리 죄를 용서해 주시고 영생을 주신 예수님, 감사해요.

결 단 문 하나님이 주신 가장 큰 선물이 영생임을 기억하고, 매일 감사할래요.

절기

세상에 큰 기쁜 소식이 있어요

성탄 주일

말　　씀 누가복음 2장 8~20절

외울 말씀 오늘 다윗의 동네에 너희를 위하여 구주가 나셨으니 곧 그리스도 주시니라 (누가복음 2장 11절)

원 포인트 예수님은 세상의 좋은 소식이시다.

WELCOME 가장 기뻤던 일은 무엇인가요?

ADVENTURE **색칠하기** 아래 그림을 보며 성경 말씀을 생각해 보고, 색칠하기 활동을 해 보세요.

VALUE

예수님의 생일을 축하해요

나를 위해 이 땅에 오신 예수님의 생일을 축하하고 감사해요.

준 비 물 부록, 색연필

활동 방법
1. 부록에 있는 케이크를 뜯고 색연필로 색칠해요.
2. 부록에 있는 과일과 초 스티커를 케이크에 붙여요.
3. 빈칸에 내 이름을 적어요.
4. 다 함께 "OO(이)를 위해 이 땅에 오신 예수님, 감사해요! 생일을 축하해요!"라고 고백해요.
5. 하나, 둘, 셋! 다 함께 초를 불고 박수치며 예수님의 생일을 축하해요.

부록 97, 101쪽

ENCOURAGE

유아 기도문 우리를 위해 이 땅에 오신 예수님, 감사해요. 이 기쁜 소식을 전하는 어린이가 되게 해 주세요.

결 단 문 가장 기쁜 소식인 예수님을 전할래요.

하나님의 마음을

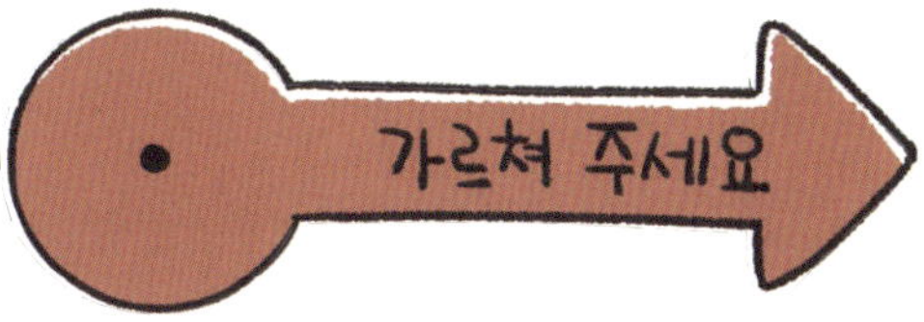
가르쳐 주세요

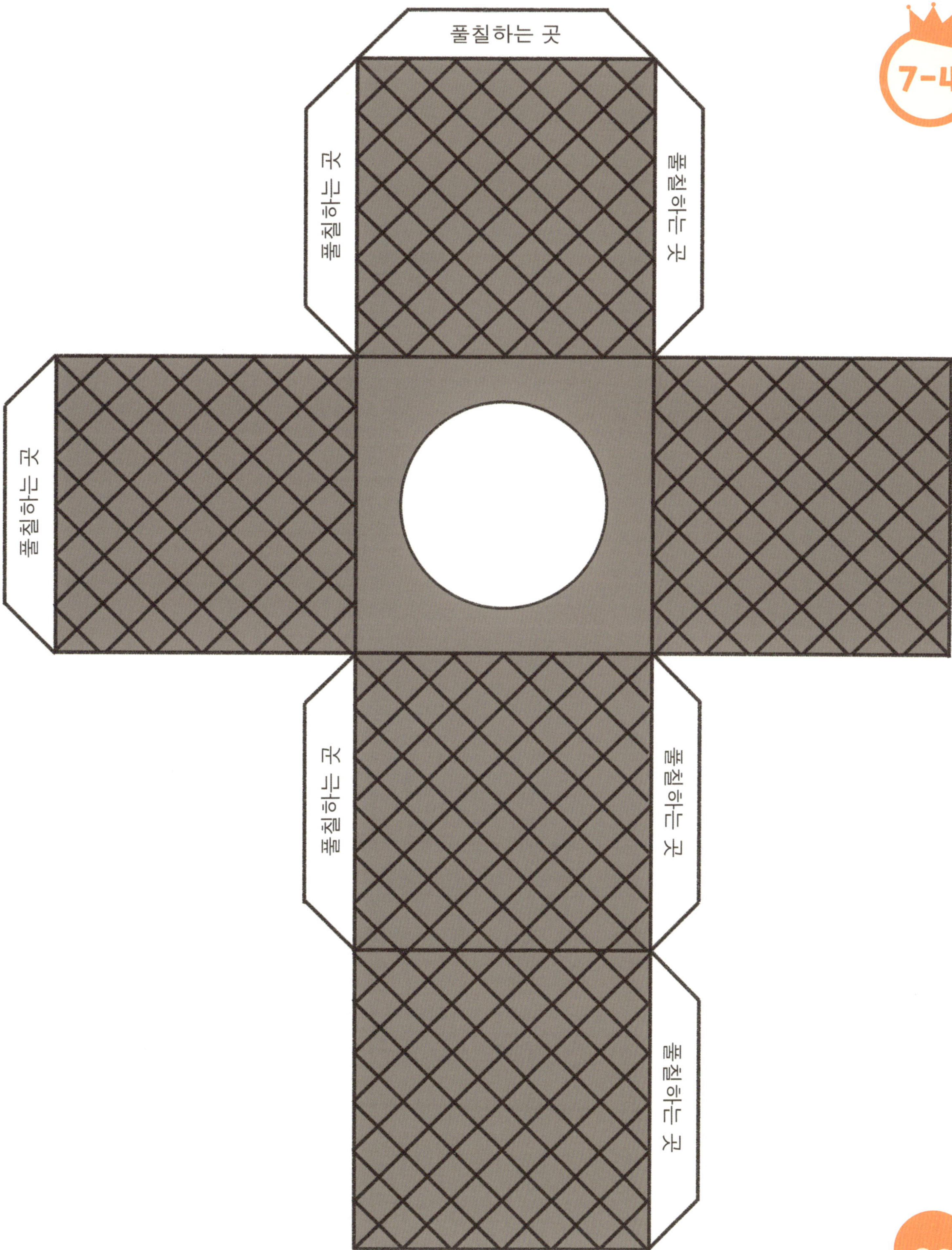
풀칠하는 곳
풀칠하는 곳
풀칠하는 곳
풀칠하는 곳
풀칠하는 곳
풀칠하는 곳
풀칠하는 곳

하나님이
승리를
주세요!
풀칠하는 곳

풀칠하는 곳 | 풀칠하는 곳 | 풀칠하는 곳 | 풀칠하는 곳 | 풀칠하는 곳 | 풀칠하는 곳

말 씀 을 따 라 요

하나님만 사랑해요

나는 정직한 어린이

나도 아사 왕처럼
항상 하나님 앞에서
정직한 어린이가
될 거예요!

20 년 월 일

이름 :

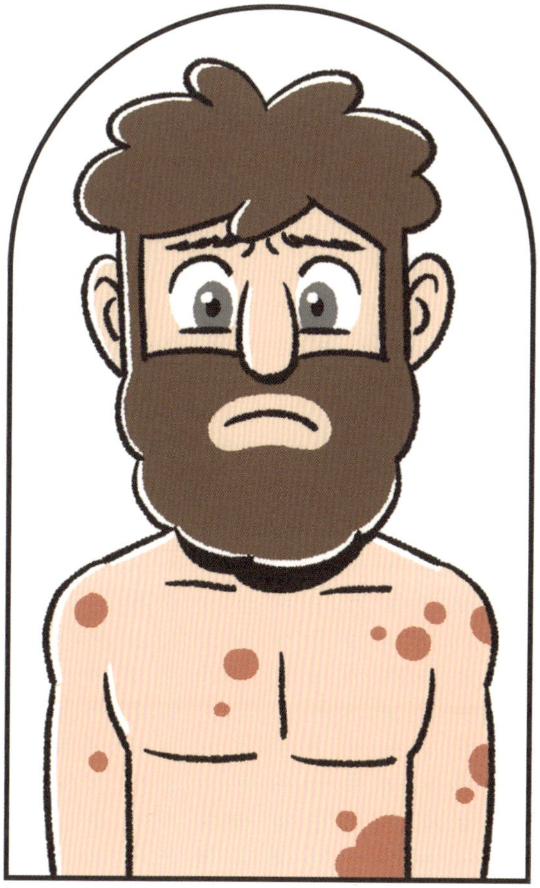

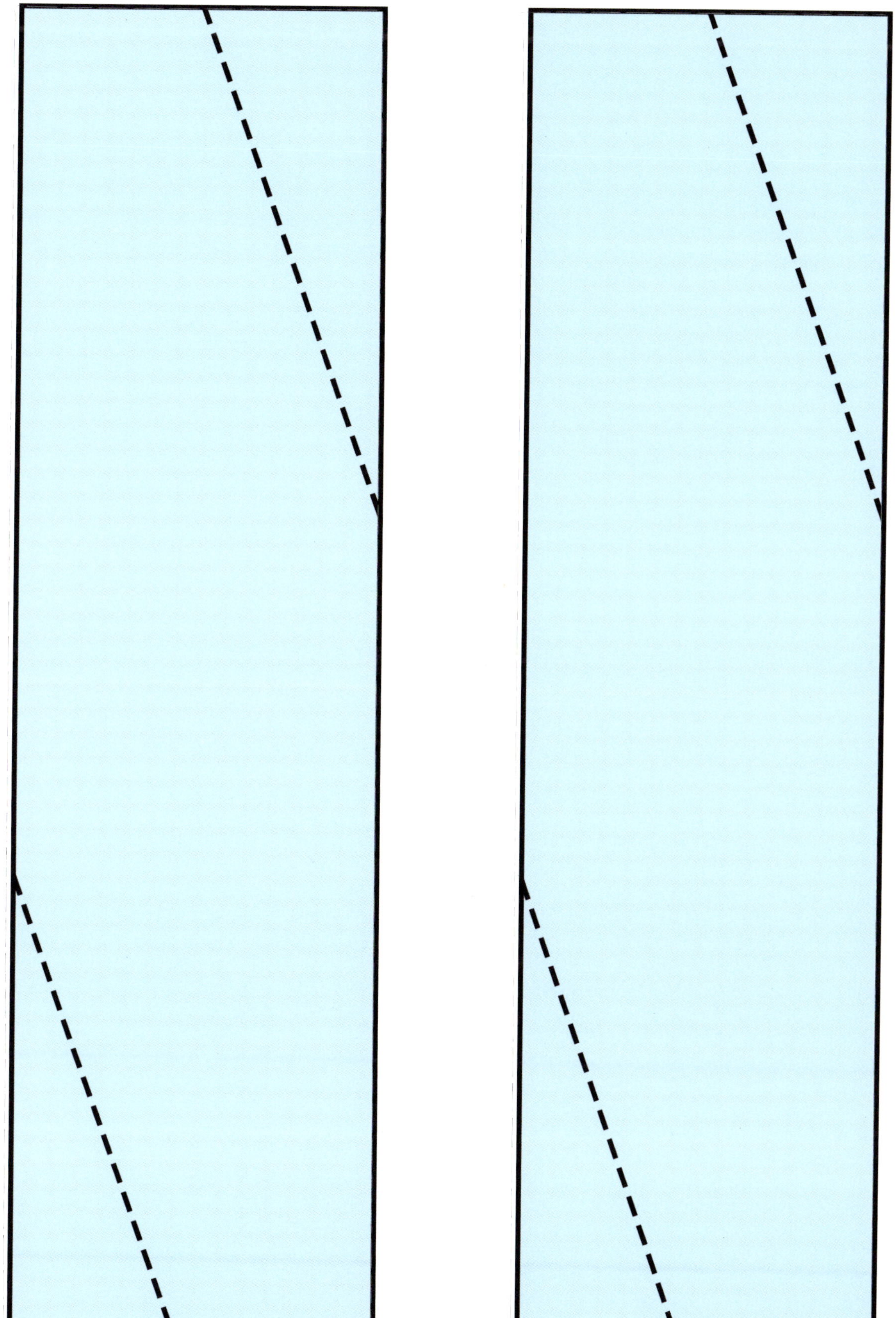

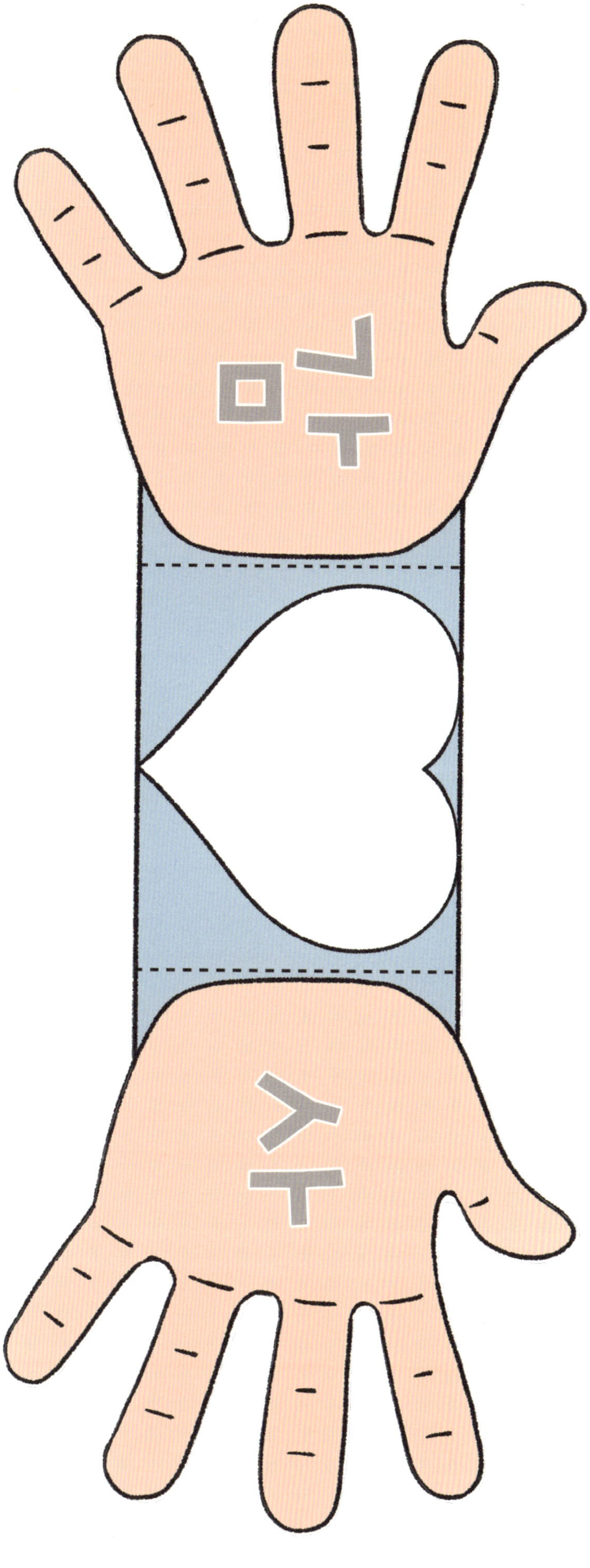

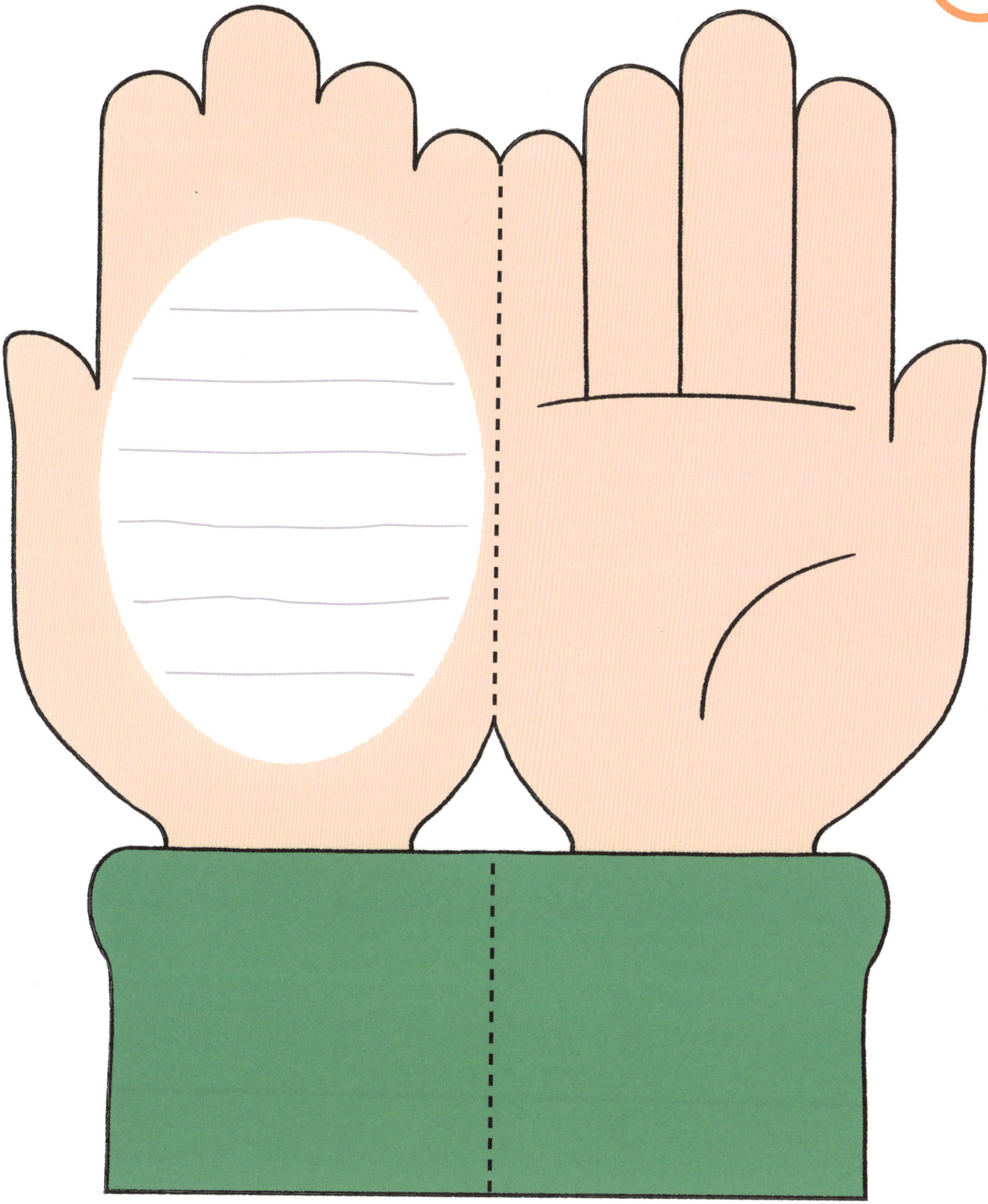

영생

7-1

용서

용서

용서

8-1

8-2

8-4

9-1

감사

감사

9-4

10-1

10-3

11-2

11-2

12-1

12-3

12-5

성탄